TABLE DES MATIÈRES

OBSERVONS LES DÉSERTS

Il existe des endroits où la pluie ne tombe presque jamais, où seules quelques plantes peuvent survivre, où le soleil dessèche la terre et où les vents violents balaient le sable et la poussière. Ces endroits s'appellent **déserts**. Les sables mouvants et la chaleur intense ne sont pas des caractéristiques propres à tous les déserts. En fait, le roc et le gravier recouvrent la plus grande partie de la plupart des déserts. Dans certains, le désert de Gobi en Asie par exemple, il fait froid presque toute l'année. Dans d'autres, la chaleur est étouffante durant le jour et chute de façon spectaculaire la nuit.

Dans le désert, la faune et la flore luttent pour survivre et plusieurs personnes y vivent.

LE SAVIEZ-VOUS?

● La définition scientifique du désert est un endroit à la végétation rare, qui reçoit moins de 25 cm de pluie par année. Cela signifie que les vastes étendues du pôle Sud pourraient être considérées comme un désert, car les précipitations n'atteignent que quelques centimètres chaque année. Cependant, l'eau ne tombe pas sous forme de pluie mais plutôt sous forme de neige!

▶ Quelques-unes des plus hautes dunes du monde se trouvent dans le désert de Namib. Les dunes ne sont pas immuables; ce sont des monticules de sable formés par l'action du vent.

▼ La vallée de la Mort (Death Valley), en Californie, est la région la plus chaude et la plus **aride** des États-Unis.

▼ Après une année de pluies torrentielles, des signes de végétation apparaissent dans une région du désert de Namib jonchée de grosses pierres.

LA RÉPARTITION MONDIALE

Les déserts couvrent environ le cinquième de la surface terrestre. On en trouve en Afrique, en Asie, en Australie et en Amérique du Nord et du Sud.

La plupart des déserts se situent entre deux lignes imaginaires, au nord et au sud de l'équateur, appelées **tropique du Cancer** et **tropique du Capricorne**. Dans cette zone, ainsi que dans les autres régions désertiques, des courants d'air sec soufflent sur ces étendues. Ces courants déplacent de l'air chaud ou froid, mais ils transportent rarement des nuages de pluie. C'est pourquoi les terres qu'ils traversent sont privées de pluie et ne sont pas protégées du soleil.

Cette carte illustre les principales régions désertiques du monde.

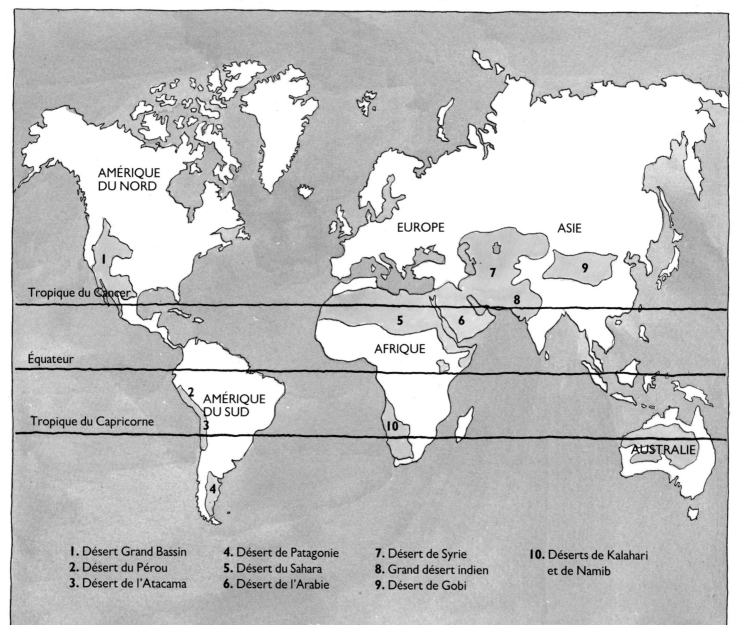

1. Désert Grand Bassin
2. Désert du Pérou
3. Désert de l'Atacama
4. Désert de Patagonie
5. Désert du Sahara
6. Désert de l'Arabie
7. Désert de Syrie
8. Grand désert indien
9. Désert de Gobi
10. Déserts de Kalahari et de Namib

DÉSERTS FORMÉS PAR L'ÉCRAN DES MONTAGNES

Certains déserts sont le résultat de l'écran formé par les montagnes. Ce phénomène se produit lorsque de hautes montagnes bloquent la route du vent porteur de pluies. L'altitude des montagnes oblige le vent à se déplacer vers le haut et, ce faisant, à se refroidir. À cause de la chute de température, les nuages portés par le vent crèvent et libèrent la pluie. Le vent continue sa course au-delà des montagnes et lorsqu'il atteint l'autre côté, il ne transporte plus de nuages de pluie. Ce processus naturel contribue à créer les régions les plus humides du monde – les forêts tropicales – qui sont côtoyées par les régions les plus arides.

● Le Sahara, en Afrique du Nord, est le plus grand désert du monde. Sa superficie est la même que celle des États-Unis.

● Le désert de Gobi, dans l'est de l'Asie, est situé sur de hauts plateaux exposés au vent. C'est le désert le plus froid du monde.

● Près de la moitié de l'Australie est recouverte d'un désert.

● Le désert de l'Arabie est le désert le plus sableux du monde.

● Les plus petites régions désertiques du monde sont le désert du Pérou et le désert de l'Atacama situés sur la côte ouest de l'Amérique du Sud.

● Un grand nombre de déserts sont entourés de régions à la végétation peu abondante. Ces régions broussailleuses peuvent se transformer en véritables déserts, si les arbres et les plantes aborigènes disparaissent.

▲ Les **peintures rupestres** des déserts d'Afrique et d'Asie représentent des girafes, des antilopes et d'autres animaux en train de paître, qui ne pourraient pas survivre dans les conditions désertiques d'aujourd'hui. Cela laisse supposer que ces terres étaient autrefois **fertiles**. Il existe des signes évidents de la présence de forêts et de lacs anciens dans les déserts du monde entier.

LES PLANTES DÉSERTIQUES

Il est surprenant que des plantes réussissent à survivre dans les conditions désertiques. La plupart des plantes dépendent de pluies régulières, mais celles du désert doivent pouvoir vivre sans eau pendant plus d'un an. En plus de cela, plusieurs plantes désertiques doivent supporter des températures à la fois chaudes et froides, car chaque journée torride est suivie d'une nuit glaciale.

Les graines de certaines plantes du désert restent cachées dans le sol jusqu'à ce que la pluie tombe. En attendant ainsi de meilleures conditions, elles n'ont pas à affronter les rigueurs de la vie désertique.

▼ La plante gigantesque welwitschia est unique au désert de Namib. Ce désert à une source d'eau peu commune – les brouillards en provenance de la côte. Les feuilles du welwitschia absorbent les minuscules particules d'eau contenues dans le brouillard.

▲ Les cactus sont les plantes désertiques les plus connues. Ils sont originaires des déserts d'Amérique du Nord et du Sud, mais ils ont été introduits dans d'autres parties du monde.

Des figues de Barbarie ont été apportées en Australie pour servir de haies autour des maisons, à l'intérieur du pays. Leur croissance a été si rapide que de grandes régions ont été envahies par ces plantes épineuses. Pour remédier à la situation, on a dû importer des bestioles qui mangent l'intérieur tendre de ces plantes.

► Les cactus sont des plantes à fleurs. Certains produisent des fleurs à chaque année, tandis que d'autres fleurissent rarement. Les oiseaux visitent les cactus afin d'extraire le nectar sucré des fleurs ou de capturer les insectes sur les tiges.

Le cactus de la photo est un saguaro géant. Le saguaro peut atteindre 15 mètres de haut et peut retenir plusieurs tonnes d'eau dans ses tiges gonflées. Tout comme les autres cactus, le saguaro n'a pas de feuilles. À la place, de petites colonnes épineuses poussent autour de sa tige. Ces colonnes créent une couche d'air autour de la plante et la protègent de l'action asséchante des vents.

MOYENS DE SURVIE

Les plantes désertiques se sont adaptées à vivre sans pluies régulières. Certaines absorbent le plus d'eau possible durant les pluies occasionnelles et l'emmagasinent dans leurs tiges ou leurs feuilles. Elles ont aussi d'autres façons de recueillir et de conserver l'eau.

Certains arbres du désert sont pourvus de longues **racines pivotantes** qui se ramifient profondément dans le sol, afin d'atteindre les sources d'eau souterraines.

Certaines plantes, comme le buisson à créosote, ont un réseau innombrable de racines peu profondes capables d'extraire les gouttes d'humidité environnantes.

Certaines plantes du désert emmagasinent de la nourriture et de l'eau dans les racines épaisses, les bulbes ou les **tubercules**. Les tiges de ces plantes, exposées au soleil et au vent, peuvent paraître mortes, mais dès qu'il pleut, elles reprennent vie et produisent des feuilles, des fruits et des fleurs.

LA VIE ANIMALE

Il est difficile de croire que des centaines d'animaux différents vivent dans les déserts. La plupart du temps, ces régions sont calmes et silencieuses, car un grand nombre d'espèces animales se déplacent uniquement à l'aurore et au crépuscule. Durant le jour, elles se réfugient sous terre ou se cachent sous les rochers ou les plantes pour se protéger de la chaleur ou du froid.

Les animaux du désert dépendent de la flore et de leurs semblables pour survivre. Les racines, les tiges, les feuilles et les graines constituent l'alimentation de base d'un grand nombre d'espèces animales du désert qui sont, à leur tour, chassées par d'autres animaux.

Certaines espèces puisent l'eau dont elles ont besoin dans leur nourriture. D'autres doivent parcourir de longues distances, afin de trouver les rares trous d'eau.

▲ Les scorpions chassent les araignées, les insectes et d'autres petits animaux. Une fois qu'ils ont capturé leur proie, ils la tuent à l'aide de leur dard venimeux situé à l'extrémité de la queue. La piqûre du scorpion provoque une douleur violente et celle du scorpion le plus dangereux peut être mortelle.

▼ Les reptiles, plus spécialement les serpents et les lézards, sont tout à fait à l'aise dans le désert. Les serpents ont une façon particulière de se déplacer dans les sables mouvants. Ils projettent la tête d'un côté et le corps suit en formant une boucle. Cela s'appelle serpenter. Pour se rafraîchir ou pour échapper aux prédateurs, les serpents s'enfouissent dans le sable.

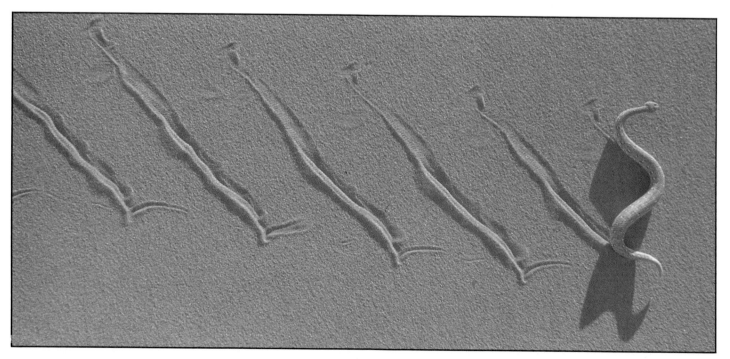

Les lapins, les gerbilles et plusieurs autres petits mammifères vivent dans le désert. Le lapin à queue blanche, à droite, vit également dans certains déserts américains. Ses longues oreilles lui servent de radiateur. Elles libèrent de la chaleur, réduisant ainsi la température du corps.

▼ On trouve plusieurs espèces de lézards dans les déserts du monde. Comme les autres reptiles, le corps du lézard est couvert d'écailles qui le protègent contre le dessèchement. La plupart des lézards mangent des insectes. Ils chassent les mouches ou attendent patiemment qu'un scarabée ou une colonne de fourmis passent près d'eux. Les lézards ont de nombreux ennemis et ils doivent donc se tenir sur leurs gardes. Plus bas, le lézard cornu, ou tapaya, possède un camouflage remarquable qui le rend presque invisible à la surface du sol.

LA TRAVERSÉE DU DÉSERT

Les plus grands animaux du désert ne restent pas toujours au même endroit. Ils parcourent de longues distances à la recherche de nourriture et d'eau. Dans la plupart des déserts du monde, on trouve des antilopes, des chèvres et des moutons en petit nombre. Un cheval rare, appelé cheval de Przewalski, errait autrefois dans le désert froid de Gobi; on croit toutefois que la race est en **extinction**, à l'état sauvage.

L'animal le plus connu pour la traversée du désert est le chameau. On l'appelle parfois le vaisseau du désert, car il peut traverser d'immenses mers inhospitalières de rochers et de sable mieux que tout autre animal.

Il y a deux espèces de chameaux. Le dromadaire a une bosse dorsale et son pelage est fin. Il est originaire des chauds déserts d'Arabie et d'Afrique du Nord, mais il a aussi été introduit dans certaines régions d'Amérique et d'Australie. Le chameau de la Bactriane a deux bosses et un pelage plus sombre et plus épais que son cousin. Il est originaire des déserts plus froids de l'Asie centrale.

Les chameaux sont bien adaptés à la vie désertique. Ils ont des sourcils broussailleux et deux rangées de cils qui empêchent le sable de pénétrer dans les yeux. Ils ferment leurs naseaux fendus pour la même raison. Leurs pattes à deux doigts s'écartent en marchant, afin de les empêcher de s'enfoncer dans le sable.

Les bosses dorsales des chameaux ne contiennent pas de réserves d'eau comme on le croyait autrefois, mais plutôt des réserves de graisse qui les nourrissent durant la traversée du désert. Lorsqu'un chameau est affamé, ses bosses diminuent.

LE SAVIEZ-VOUS?

Il y a moins de cent ans, il était impossible de traverser les vastes déserts du Sahara et d'Arabie, sans l'aide de chameaux. De nos jours, on utilise les automobiles et les camions et les chameaux deviennent moins importants dans la vie des peuples du désert.

● Un chameau assoiffé peut boire jusqu'à 140 litres d'eau d'un seul coup et ensuite s'en priver pendant plus d'une semaine.

● Le chameau est réputé pour son mauvais caractère. Il est domestiqué depuis très longtemps, même avant la plupart des bêtes de somme et, cependant, il se montre distant et ne manifeste aucune affection envers son maître.

● Le chameau est l'animal **domestique** du désert. Il sert de moyen de transport. On se nourrit de sa viande et de son lait. Son pelage est utilisé pour tisser des étoffes. Même les crottes sèches servent de combustible pour faire cuire les aliments.

LES PLUIES

Certains déserts ont des saisons de pluies régulières, tandis que d'autres en sont privés pendant de nombreuses années. Dans le désert, les pluies sont torrentielles. Elles provoquent des inondations subites et de graves destructions. Les plantes sont emportées et certains animaux se noient.

Les pluies apportent la vie aussi bien que la mort dans les terres désertiques. Plusieurs jours après une tempête, des centaines de millions de graines minuscules éclosent. Ces petites plantes qui fleurissent, appelées **éphémères**, se

cachaient dans le sable depuis la dernière averse. Des millions d'oeufs d'insectes éclosent suite au tambourinement de la pluie et une armée de mouches, d'abeilles et de guêpes fait son apparition. Ces insectes se nourrissent sur les éphémères et les aident à se reproduire, en répandant le pollen de fleur en fleur.

Huit semaines après les pluies, le désert est à nouveau vide. Les fleurs aux couleurs vives et les insectes bourdonnants ont disparu. Toutefois, des centaines et des centaines de millions de nouvelles graines et d'oeufs se cachent maintenant dans le sable. Une grande partie sera mangée par les bêtes qui vivent en permanence dans le désert, mais une minorité survivra jusqu'aux prochaines pluies et le cycle de vie se répétera.

▶ Les éclairs parsèment le ciel du désert de Sonora, en Amérique du Nord. Les précipitations d'une année entière déferlent lors d'une seule pluie torrentielle.

▲ Des fleurs aux couleurs vives égaient le désert d'Arabie, après une averse.

LE SAVIEZ-VOUS?

● Les pluies torrentielles ne réussissent pas toujours à mouiller le sol du désert. S'il fait très chaud durant une tempête, la pluie peut se transformer en vapeur avant d'atteindre le sol. Au cours d'un violent orage, il peut tomber plus de 300 cm de pluie.

● Le désert de l'Atacama est le désert le plus aride du monde. En 1971, certaines régions avaient connu une période de **sécheresse** de 400 ans.

LES PEUPLES DU DÉSERT

Le désert est un endroit dangereux pour ceux qui ne sont pas habitués à vivre dans des conditions hostiles. Malgré cela, certains y ont leurs racines.

Les **Bochimans** du désert de Kalahari, dans le sud de l'Afrique, sont **nomades**, ce qui signifie qu'ils se déplacent d'un endroit à un autre. Les Bochimans vivent de la chasse au gibier sauvage et de la cueillette de plantes et d'insectes comestibles. Certains aborigènes vivaient de cette manière, au coeur des terres désertiques de l'Australie, mais la plupart sont maintenant installés dans des camps financés par le gouvernement.

Les déserts les plus stériles du monde – le Sahara, celui d'Arabie et celui de Gobi – n'ont pas assez de flore et de faune pour faire vivre les nomades qui dépendent de la **chasse** et de la **cueillette**. Ces peuples tirent ce qu'ils peuvent du désert; en plus, ils tuent ou échangent des animaux, tels les moutons, les chameaux ou les chèvres, contre de la nourriture.

POUR EN SAVOIR PLUS

Les Bochimans boivent rarement. Ils se désaltèrent grâce aux racines des plantes et aux melons du désert qu'ils cueillent à la surface ou en dessous du sol.

Le turban porté par les peuples du désert n'est pas un chapeau. C'est un voile qu'ils enroulent plusieurs fois autour de la tête. Il sert à protéger les yeux, le nez et la bouche du sable du désert.

Dans le désert froid de Gobi, les gens vivent dans des huttes rondes et robustes, appelées **yourtes**. Ces habitations rudimentaires peuvent supporter des vents d'une vélocité de 145 km à l'heure.

► Cet homme est un Touareg. Autrefois, les Touaregs étaient connus sous le nom de pirates du désert. Pendant de nombreuses années, ils ont contrôlé les échanges commerciaux à travers le Sahara, en patrouillant sur des chameaux de course.

◄ Un Bochiman du Kalahari allume un feu en frottant deux bâtons l'un contre l'autre. Le dialecte des Bochimans se compose de sons secs. Ils vivent dans des huttes dont la charpente est composée de branches et dont le toit est recouvert d'herbes longues.

▼ De nombreux nomades vivent dans des tentes identiques à celle qui est illustrée plus bas. Au moment du départ, ils plient la tente et la chargent sur un chameau ou un âne.

LES OASIS DU DÉSERT

Dans certaines régions du désert, les plantes poussent en abondance et l'eau est disponible tout au long de l'année. Ces endroits s'appellent oasis.

La plupart des oasis sont alimentées par des nappes d'eau souterraines qui ont été formées il y a des milliers d'années. L'eau est retenue entre les parois des couches rocheuses souterraines. Les rivières forment également des oasis. La plus vaste oasis du monde s'étend en bordure d'un grand fleuve, le Nil, qui coule dans le Sahara.

Les oasis sont les régions les plus peuplées du désert. L'alimentation régulière en eau permet aux gens de s'installer en permanence et de construire des villages, des villes ou des cités. La terre est **irriguée** et on y cultive des dattes, des olives, du blé, du millet et d'autres produits agricoles.

▲ Si la saison des pluies est mauvaise, il faut transporter l'eau jusqu'aux champs, afin de préserver les cultures.

► De nombreuses villes sont construites avec des matériaux du désert. On mélange de la boue avec de la paille et de l'eau pour faire des briques qu'on laisse ensuite cuire au soleil. Ce village est l'habitat des Dogons. Les Dogons tirent leur eau des nappes d'eau des montagnes avoisinantes. Les Dogons vivent à Mali, au nord de l'Afrique.

▼ Les oasis ressemblent à des îles de verdure entourées d'une mer de sable et de rochers. Les gens, tout comme les animaux, dépendent des oasis pour s'alimenter en eau potable.

Les oasis ne durent pas éternellement. Les déserts du monde sont jonchés de villes mortes, où les sources d'eau sont taries, ou l'oasis est disparue sous les dunes et les gens ont dû partir.

LA PROGRESSION DU DÉSERT

Les déserts s'étendent. Par un processus qu'on appelle la **désertification**, les broussailles et les herbages deviennent aussi secs et arides que les déserts qui les entourent. Au rythme actuel de la désertification, plus de 200 000 km² de nouvelles terres désertiques sont créés chaque année.

Les déserts progressent ou régressent naturellement, selon l'importance des précipitations. Au cours des dernières années, les nombreuses sécheresses ont cependant contribué à une progression alarmante des déserts.

Les scientifiques croient que les sécheresses font partie d'un changement climatique à l'échelle mondiale, causé par la pollution atmosphérique.

Les nomades accélèrent le processus de désertification, en abattant des arbres et en faisant paître leurs troupeaux sur des prairies menacées. La terre est alors exposée au soleil, au vent et aux pluies torrentielles occasionnelles. La délicate couche de **terre arable** s'assèche, puis est soufflée par le vent.

L'agriculture intensive peut aussi être la cause de la désertification. Les contraintes,

qui poussent les fermiers à multiplier les cultures sur une même parcelle de terre, les amènent à surexploiter le sol. Cette attitude peut avoir des conséquences désastreuses. Dans les années 30, l'agriculture et l'élevage intensifs dans les États du sud de l'Amérique ont créé une immense région de terres dénudées et pratiquement désertiques, le *Dust Bowl* (désert de poussière). Les sécheresses ont tari le sol et les vents l'ont balayé. À des centaines de kilomètres, des villes furent plongées dans l'obscurité, alors que d'énormes nuages de poussière traversaient le ciel.

▼ Si la couche arable disparaît, la chaleur du soleil cuit la terre. Les pluies ruissellent sur le sol dur et les arbres s'affaiblissent et meurent.

LE SAVIEZ-VOUS?

En 1988, une pluie de centaines de minuscules grenouilles roses a déferlé sur un village anglais, au cours d'une tempête. Les scientifiques ont expliqué que les grenouilles avaient été emportées par les vents violents en provenance du Sahara, en Afrique!

DE NOS JOURS

Pendant des siècles, les déserts ont été considérés comme des terres désolés inspirant la terreur. Elles demeuraient la propriété exclusive des petites tribus désertiques qui savaient survivre dans des conditions hostiles. Ce n'est que récemment, avec l'arrivée des automobiles, des camions et des avions, que les portes du désert se sont ouvertes à l'exploration.

De nos jours, l'activité humaine est très répandue. Les compagnies minières utilisent d'énormes machines pour extraire de riches minéraux, tels le cuivre, le fer, le sel et l'uranium. Dans certains déserts, on trouve aussi du pétrole; cette découverte a rendu certains États considérablement riches. L'Arabie Saoudite compte parmi les plus grands champs pétroliers du monde.

Ailleurs, la technologie moderne a réussi à rendre le désert fertile. La découverte de nouvelles nappes d'eau souterraines ou l'exploitation de l'eau des rivières environnantes ont donné un essor important aux cultures du désert.

La désertification est un problème qui touche plusieurs régions du monde, mais l'Afrique est la plus grande victime. Dans certains pays d'Afrique, les efforts déployés dans le domaine de l'agriculture ont échoué durant plusieurs années et ces échecs ont provoqué une **famine** d'une ampleur désastreuse. De nombreux nomades ont abandonné leur mode de vie traditionnel, à cause des longues sécheresses qui ont dénudé le désert.

◄ Alors que les pays riches transforment leurs déserts en terres agricoles, les pays africains plus pauvres tentent de sauver la bordure du Sahara. Cet homme construit des murs de pierres pour empêcher les pluies saisonnières d'emporter la terre.

LE SAVIEZ-VOUS?

● De nos jours, les terres **arides** produisent un cinquième des réserves alimentaires du monde. Vers les années 2000, un tiers de toutes les terres agricoles risquent de devenir désertiques si le sol est surexploité.

● Les photographies aériennes permettent de localiser les nappes d'eau souterraines. L'équipement de forage moderne peut ensuite atteindre ces nappes d'eau et créer de nouvelles oasis.

▲ Les flammes de pétrole dégagent des panaches de fumée dans l'air désertique.

► Des tunnels en plastique recouvrent les cultures. Ces tunnels empêchent l'**évaporation** de l'eau dans l'air ambiant. L'évaporation favorise l'émergence des sels à la surface du sol désertique. Ces sels tuent la plus grande partie de la flore et empoisonnent le sol.

GOOMBLE-GUBBON LE JALOUX

Depuis des milliers d'années, les humains racontent des histoires sur le monde qui les entoure. Souvent, ces histoires tentent d'expliquer un mystère, par exemple la création du monde ou la provenance de la lumière. Cette légende est racontée par les peuples aborigènes de l'Australie.

Il y a très longtemps, en Australie, on était à l'Ère du rêve, au début de la création. La terre est apparue, puis les montagnes, les plaines et les vallées remplies d'animaux de toutes sortes, d'oiseaux et de plantes. Puis la mer est apparue, avec ses baleines, ses dauphins et ses plantes, mais il n'y avait pas encore un seul poisson.

Tous les oiseaux étaient dotés de voix merveilleuses et uniques: Maître Corbeau poussait des croassements grinçants, Kookaburra lançait son gloussement rieur et les autres oiseaux faisaient entendre leur répertoire varié. Perchés sur les arbres et les arbustes, ils chantaient toute la journée, car ils étaient heureux.

Lorsque je dis qu'ils avaient tous des voix merveilleuses, j'oublie Goomble-Gubbon, le dindon. Goomble-Gubbon ne pouvait faire entendre qu'un faible glougloutement: «goomble-gubbon, goomble-gubbon». Tous les autres oiseaux se moquaient de la voix de Goomble-Gubbon et, en sa présence, ils chantaient de plus belle, juste pour l'ennuyer.

Bien sûr, ils ne voulaient pas vraiment être
cruels. Ils étaient trop heureux pour réaliser
qu'ils vexaient Goomble-Gubbon. Ils
l'aimaient beaucoup, malgré ses sautes
d'humeur.

Goomble-Gubbon ne trouvait pas sa voix
drôle. Il pensait qu'elle était horrible et il
était très jaloux de la voix des autres
oiseaux. Il essayait de son mieux
d'améliorer sa voix, mais rien n'y faisait.
Si seulement le chant des autres oiseaux
n'était pas si merveilleux et si
extraordinaire, sa voix ne semblerait
pas aussi horrible, pensait-il.

Un jour, la situation s'envenima. Les autres oiseaux s'étaient moqués de Goomble-Gubbon toute la matinée et il n'en pouvait plus. Il décida d'aller rendre visite à son ami Lézard. Lézard ne s'était jamais moqué de sa voix. Les deux amis se racontèrent des histoires jusqu'au coucher du soleil. À ce moment, Kookaburra vint se poser sur la branche d'un arbre voisin et se mit à rire.

Kookaburra ne pouvait plus s'empêcher de rire. Elle riait de tout, même si ce n'était pas drôle, et Goomble-Gubbon aurait dû s'en douter. Il en avait assez d'être taquiné par tous les autres oiseaux, aussi pensa-t-il que Kookaburra s'était perchée sur cette branche avec l'intention de se moquer de lui.

«Qu'est-ce qui te prend de rire ainsi?» lança-t-il d'un ton furieux.

Kookaburra fut très surprise; elle s'envola pour prévenir les autres oiseaux de l'attitude étrange de Goomble-Gubbon.

Pendant ce temps, Goomble-Gubbon décida une fois pour toutes de ne plus se laisser ridiculiser par les autres oiseaux. Il attendit que la nuit tombe et que tous les oiseaux dorment dans les arbres. Alors, tout doucement, il se dirigea vers l'arbre de feu magique. C'était un arbre où les humains allumaient les flambeaux destinés à alimenter le feu pour cuire les mets, se réchauffer et éclairer les campements. Goomble-Gubbon ramassa un bâton et l'alluma à l'arbre. Puis il se glissa sous tous les arbres et arbustes où dormaient les oiseaux et mit le feu aux branches.

«Cela devrait me débarrasser de ces méchants oiseaux moqueurs, pensa-t-il tout joyeux. Maintenant, c'est moi qui aurai la plus belle voix de tous.»

Cependant, Kookaburra ne dormait pas. Elle entendit Goomble-Gubbon se glisser sous les arbres et réveilla les autres oiseaux afin de les prévenir.

Une nuée d'oiseaux s'envola aussitôt, en hurlant et en se lamentant. Les oiseaux les plus rapides volèrent vivement vers des régions éloignées où il n'y avait pas de feu. Ceux qui ne pouvaient pas voler assez vite pour échapper aux flammes se réfugièrent dans la mer pour se rafraîchir. En entrant dans l'eau, leurs ailes se transformèrent en nageoires et leurs plumes en écailles. Enfin, il y eut des poissons dans la mer!

Goomble-Gubbon était furieux que son plan ait échoué. Il agita le flambeau dans tous les sens, mais ne réussit qu'à faire roussir ses plumes, qui prirent une horrible couleur gris fumée, et à se brûler la tête, qui devint rouge vif. Il lança le flambeau très loin dans la brousse.

Les arbres continuèrent de brûler jusqu'à ce que la terre devienne dénudée et sèche. C'est ainsi que le désert apparut au centre de l'Australie. Tout cela à cause de Goomble-Gubbon, le jaloux.

VRAI OU FAUX?

Lesquelles de ces affirmations sont vraies et lesquelles sont fausses? Si vous avez lu ce livre attentivement, vous connaîtrez les réponses.

1. Dans tous les déserts, la température est très chaude.

2. Au cours de l'année, il ne pleut pas du tout dans les déserts.

3. Le désert de Gobi est le plus grand désert du monde.

4. Les nuits désertiques sont glaciales.

5. Des forêts tropicales luxuriantes peuvent côtoyer des déserts formés par l'écran des montagnes.

6. Les cactus saguaro peuvent atteindre 15 m de haut.

7. Les oreilles du lapin à queue blanche lui servent de radiateur.

8. Les bosses du chameau servent à emmagasiner l'eau.

9. Le dromadaire a deux bosses et un pelage épais.

10. Les Touaregs étaient autrefois désignés comme les pirates du désert.

11. De nombreuses villes du désert sont construites de briques fabriquées avec de la boue.

12. En 1988, au cours d'une violente tempête, une pluie de milliers de gros poissons bleus a déferlé sur un village anglais.

LEXIQUE

● **Aride:** se dit d'un sol desséché, où la végétation et les précipitations sont rares. Ce type de sol est prédisposé à la désertification.

● **Bochimans:** peuple qui vit sur les terres désertiques, en Afrique ou en Australie, par exemple. Ils boivent à peine; ils se désaltèrent en mangeant des racines et des melons du désert.

● **Chasse et cueillette:** moyens de subsistance pratiqués par les peuples qui se nourrissent de plantes et d'animaux qui vivent dans le désert.

● **Désert:** endroit où la végétation est rare et où les précipitations n'atteignent pas 25 cm chaque année.

● **Désertification:** processus par lequel les terres arides, en bordure des déserts, souffrent de la sécheresse et se transforment en désert. Si les précipitations sont régulières, la nouvelle région désertique redevient ce qu'elle était auparavant.

● **Domestique:** se dit de l'animal qui a été élevé et apprivoisé par l'humain depuis plusieurs générations, de manière à fournir des produits tels que la viande, le lait, le cuir et la laine.

● **Éphémères:** plantes minuscules qui survivent sous forme de graines dans des conditions aussi arides que les sables du désert. S'il pleut abondamment, elles se transforment en fleurs. Huit semaines après les pluies, les fleurs produisent des graines qui s'enfouissent à nouveau dans le sable.

● **Évaporation:** eau qui se transforme en minuscules gouttelettes de vapeur en suspension dans l'air. Ce processus se produit chaque matin dans l'air chaud du désert pour former la rosée qui se dépose pendant la nuit.

● **Extinction:** action par laquelle les derniers membres d'une espèce – animaux et plantes – disparaissent conséquemment aux chasses excessives, aux changements d'habitats ou à défaut de pouvoir rivaliser avec une espèce nouvellement arrivée.

● **Famine:** période durant laquelle la nourriture est rare et les humains et les animaux meurent de faim. Cela se produit généralement après une guerre ou une sécheresse, quand les produits agricoles n'arrivent pas à pousser.

● **Fertile:** qualificatif pour décrire une terre riche qui produit des récoltes abondantes et saines.

● **Irrigation:** méthode d'arrosage artificiel des terres qui tendent à être sèches naturellement. Les fermiers canalisent l'eau sur l'ensemble des terres, à l'aide de rigoles ou la retiennent par une paroi dure et résistante formée de murs bas.

Terre arable

● **Nomades:** peuples qui se déplacent d'une région à une autre, soit pour faire paître leurs troupeaux dans de nouveaux pâturages, soit pour échapper aux sévères conditions climatiques, telles que le froid ou la sécheresse. Ils se nourrissent principalement des produits de leurs troupeaux et vivent dans des tentes qu'ils transportent à chacun de leurs voyages.

● **Peintures rupestres:** peintures exécutées sur une paroi rocheuse, qui représentent des animaux.

● **Racines pivotantes:** longues racines de certains arbres qui se fraient un chemin sous le sable, à travers les couches de rochers, afin de trouver de l'humidité durant les longues périodes de sécheresse.

● **Sécheresse:** période durant laquelle les précipitations sont rares ou inexistantes. Les produits agricoles ne poussent pas, l'eau est rare et les animaux et les humains ont de la difficulté à survivre.

● **Terre arable:** couche de terre très riche à la surface du sol, là où la plupart des plantes poussent. Le désert manque de terre arable, qui s'est desséchée faute de pluies et qui a été balayée par le vent.

● **Tropique du Cancer, Tropique du Capricorne:** lignes imaginaires situées approximativement à 23° 27′, parallèles au nord et au sud de l'équateur. Les déserts se trouvent principalement le long de ces deux lignes.

● **Tubercules:** parties courtes et épaisses des tiges souterraines de certaines plantes. Elles sont recouvertes de petites excroissances.

● **Yourtes:** huttes rondes et solides utilisées par les nomades de l'Asie centrale. Ces constructions peuvent résister à des vents d'une vélocité de plus de 145 km à l'heure.

TABLE ALPHABÉTIQUE